AF502241

l'u

e

MN

14

Edmond **DEMOLINS**

DIRECTEUR DE LA « *SCIENCE SOCIALE* »

La Nécessité

d'un Programme Social

et d'un Nouveau Classement des Partis

SUIVIE D'UNE RÉPONSE A

MM. Maurice BARRÈS, G. CLÉMENCEAU, H. de KEROHANT
A. MILLERAND, Gustave ROUANET

PARIS

LIBRAIRIE DE FIRMIN-DIDOT ET Cie

IMPRIMEURS DE L'INSTITUT, RUE JACOB, 56

1895

La Nécessité d'un Programme Social

et d'un Nouveau Classement des Partis

TYPOGRAPHIE FIRMIN-DIDOT ET Cie. — MESNIL (EURE).

Edmond DEMOLINS

DIRECTEUR DE LA « *SCIENCE SOCIALE* »

La Nécessité d'un Programme Social

et d'un Nouveau Classement des Partis

SUIVIE D'UNE RÉPONSE A

MM. Maurice BARRÈS, G. CLÉMENCEAU, H. de KEROHANT
A. MILLERAND, Gustave ROUANET

PARIS

LIBRAIRIE DE FIRMIN-DIDOT ET Cie

IMPRIMEURS DE L'INSTITUT, RUE JACOB, 56

1895

PRÉFACE

Je désire que le public ne se méprenne pas sur le but que nous poursuivons en reproduisant cet article publié d'abord dans la *Science sociale*.

Aujourd'hui, — comme il y a deux ans, — nous sommes moins préoccupés de grouper immédiatement des hommes que d'agir sur les idées, pour les orienter dans un sens déterminé.

Nous serions véritablement bien naïfs, si nous ne savions pas que l'évolution des idées doit toujours précéder l'évolution des institutions et qu'elle ne peut se faire que très lentement.

Ceci pourra aider à cette évolution et nous n'avons pas d'autre but.

E. D.

LA NÉCESSITÉ
D'UN PROGRAMME SOCIAL
ET D'UN NOUVEAU CLASSEMENT DES PARTIS

Notre mécanisme politique fonctionne mal ; on est d'accord à ce sujet.

Mais au lieu de chercher la cause de cet état de choses, on persiste, avec une constance malheureuse, dans les vieux errements, qui nous ont conduits au point où nous sommes. Les uns espèrent toujours trouver le meilleur fonctionnement d'une mauvaise machine ; les autres appellent un homme qui imposerait à la fois sa domination au Parlement et au pays.

Sommes-nous condamnés à osciller toujours entre cette espèce d'anarchie et le pouvoir absolu ? Voilà la question qui se pose et que nous voudrions examiner.

I

Tant que l'institution républicaine rencontrait dans le pays des adversaires décidés et coalisés contre les pouvoirs publics, on comprend que le système de la « concentration » politique ait pu séduire certains esprits; chacun était, de part et d'autre, sur le pied de guerre et on ne regardait pas au choix des armes, pourvu qu'elles fussent meurtrières.

Le système de la « concentration » est le régime le plus favorable pour assurer la domination politique d'un parti sur les autres. Il réunit en faisceau et intéresse à l'œuvre commune des hommes politiques d'opinions différentes, car on ne combat pas pour une doctrine, mais pour le pouvoir. Il s'agit de faire face en masse à l'ennemi commun. Cela suffit à tout et répond à tout.

Mais, aujourd'hui, la situation est complètement modifiée ; la désorganisation et l'émiettement des anciens partis monarchiques est un fait accompli ; quelle que soit l'opinion qu'on professe à ce sujet, il faut bien reconnaître que la république ne rencontre en face d'elle aucun parti redoutable.

La « concentration » politique ne répond donc plus à aucune réalité, à aucune nécessité : on se concentre contre des moulins à vent.

Mais si les opinions politiques ont désarmé, il n'en est pas de même des opinions sociales. C'est sur ce terrain nouveau que la lutte la plus ardente est aujourd'hui engagée : la concentration doit donc se faire contre le socialisme collectiviste.

On n'a peut-être pas oublié les approbations chaleureuses et les clameurs violentes qui accueillirent, il y a deux ans, le programme de la *Société pour le développement de l'initiative privée*. Ce programme disait :

« Le grand danger de notre temps est la tendance qui pousse les esprits à entraver la liberté individuelle au profit de la collectivité et à tout attendre de l'action et de l'intervention de l'État... L'action privée est plus efficace que l'action publique...

« A mesure que ces idées se vulgariseront un nouveau classement de l'opinion se fera tout naturellement...

« En fait, la seule classification fondamentale est celle-ci :

« D'un côté, ceux qui veulent accroître encore l'action de l'État ;

« De l'autre, ceux qui veulent relever l'action de l'initiative privée. »

Cette déclaration fut reproduite et discutée par tous les journaux ; les uns y adhérèrent, les autres l'attaquèrent violemment (1).

Cet accueil bruyant eut pour effet de poser hautement la question devant l'opinion ; et, depuis lors, le mouvement des esprits s'est accentué, on peut le dire, chaque jour.

Le premier résultat de ce programme fut de donner une formule précise à opposer au socialisme ; on sait quelle est la puissance des formules : cela est vrai aussi bien en politique que dans la science.

La formule « l'initiative privée » a fait son chemin : elle est juste ; elle est précise. Elle vise le socialisme à son point faible, car il aboutirait fatalement à la compression de toutes les initiatives sous l'action du pesant État collectiviste ; enfin, elle est susceptible de devenir populaire, car l'initiative est un bien précieux, une ressource nécessaire, dont chacun peut sentir le prix.

Auparavant, la défense contre le socialisme était

(1) Nous reproduisons cette polémique en *Appendice* ; elle caractérise un point intéressant de l'évolution actuelle des idées en France.

pitoyable. Elle consistait généralement à dire : « Certainement le socialisme a du bon, mais il va trop loin. » Ou bien encore : « Il y a un mauvais socialisme, mais il y a aussi un bon socialisme. » C'était une défense qui aurait abouti sûrement à passer à l'ennemi avec armes et bagages.

Au contraire, quand on peut dire au socialisme : « Nous défendons contre vous les droits de l'initiative privée », on occupe immédiatement une bonne position, on a le sentiment d'être fort, et, dès lors, on se sent plus crâne, ce qui est très important en politique.

Aussi, depuis deux ans, les journaux qui ne sont pas inféodés au socialisme se proclament-ils à l'envi et dans toutes les circonstances les partisans, les défenseurs de l'initiative privée, de l'initiative individuelle; cette formule revient à chaque instant; jamais on n'en avait fait une pareille consommation.

Ainsi, la formule s'est d'abord implantée dans les esprits, ce qui est conforme à la marche naturelle des choses; c'était la première étape nécessaire.

De la presse, la formule s'est implantée triomphalement au Parlement.

Dans la Déclaration du Gouvernement faite aux

Chambres, par l'ancien Président du Conseil, c'est par l'affirmation énergique de l'initiative individuelle que M. Dupuy déclarait la guerre au socialisme. C'était la partie capitale de la Déclaration, c'était la plate-forme du Ministère. Ce passage du programme a soulevé les plus longs et les plus nombreux applaudissements.

« Nous répudions, disait le Président du Conseil, les doctrines, qui, sous des vocables divers, collectivisme ou autres, prétendent substituer la tyrannie anonyme de l'État (Applaudissements) à *l'initiative individuelle*, et à la libre association des citoyens. » (Vifs applaudissements.) Et plus loin : « Il ne faut pas opprimer la *liberté individuelle*, mais la dégager, la développer, la fortifier. » (Applaudissements.) Et la fin de la Déclaration affirme encore « la nécessité de donner des encouragements aux *initiatives privées* ». C'est donc bien l'idée dominante, essentielle, l'idée autour de laquelle le ministère entreprenait de grouper une majorité de gouvernement.

C'est ce qu'a constaté un socialiste, M. Jaurès, en répondant au Président du Conseil : « Il est dès maintenant acquis que, pour former une majorité, il a fallu sonner la fanfare contre le parti socialiste. La déclaration ministérielle est parfaitement claire, c'est une déclaration de guerre au socialisme. C'est contre nous le combat avoué, déclaré, implacable. » Ainsi l'alliance antisocialiste tend à remplacer la fameuse concentration républicaine, dont la faveur est sensiblement en baisse. Et cette étiquette qui, il y a deux ans, faisait peur à tant de braves gens peu clairvoyants, soulève aujourd'hui leurs bruyants applaudissements et sert à orienter leur politique !

On se souvient sans doute de l'étonnement que produisit la liste d'adhésion à l'*Alliance antisocialiste*, cette liste qui allait de l'extrême droite à la gauche avancée.

Or voici, qu'à la Chambre, l'Alliance contre le socialisme et pour l'initiative individuelle va encore plus loin vers la gauche : elle a rallié jusqu'aux orateurs radicaux, comme MM. Chautemps et Lockroy. En répondant à la Déclaration ministérielle, M. Lockroy s'exprime ainsi : « M. Jaurès ne réussira pas à supprimer l'*indépendance individuelle*, et à implanter le collectivisme dans un pays d'*individualisme* et de liberté d'esprit. » (Applaudissements.) Et il repousse la politique du ministère, pourquoi ? Parce que, dit-il, « elle a abouti à l'éclosion du socialisme ». « Pas plus que vous, Monsieur le Président du Conseil, je ne suis socialiste. » Ainsi, pour combattre le Gouvernement, les radicaux eux-mêmes arborent le drapeau de l'antisocialisme, qui groupe dès lors, à la Chambre, non seulement les amis du ministère, mais une partie de ses adversaires de gauche! L'antisocialisme est donc bien la question qui nous divise le moins, et notre liste d'adhérents, qui paraissait si panachée, devient bien pâle maintenant!

Ai-je besoin, après cela, de signaler le discours de M. Barthou et surtout celui de M. Paul Deschanel? « Notre principe, a dit M. Barthou, est la *liberté de l'individu* dans l'État, alors que les socialistes veulent substituer à l'État actuel une sorte d'oligarchie anonyme de fonctionnaires, c'est-à-dire la plus odieuse et la plus irresponsable des tyrannies. »

Enfin, M. Goblet lui-même, l'ami, l'ancien directeur du journal de M. Millerand, M. Goblet, dont l'élection a été patronnée par des comités socialistes, a finalement et publiquement versé, lui aussi, dans l'antisocialisme. Dans son discours, après avoir rappelé « les projets de décentralisation » déposés par lui, il a fait la déclaration suivante : « Certes, il y a une certaine générosité dans les doctrines socialistes (ceci est pour atténuer l'évolution); mais elles constituent une redoutable chimère, grosse de déceptions. *Elles effacent l'initiative de l'individu* (voilà encore la formule!) pour lui substituer des fonctionnaires chargés de distribuer des parts au nom de l'État tyrannique. » (Applaudissements.)

Si d'autres ont pu être étonnés de cette déclaration, elle ne m'a point surpris, car, — pourquoi ne le dirai-je pas aujourd'hui? — M. Goblet a été sur le point de donner son adhésion à « l'Alliance antisocialiste ». Je dois ajouter que certains chefs socialistes que j'ai vus à cette époque m'ont paru moins assurés de leur doctrine dans l'intimité qu'à la tribune. Beaucoup jouent un rôle qu'ils savent mal; leur principale force vient surtout de l'incertitude de leurs adversaires.

Ainsi, ce que nous affirmions hautement, il y a deux ans, est en voie de se réaliser aujourd'hui :

Il se fait « un nouveau classement de l'opinion », non plus suivant l'étiquette politique, mais suivant qu'on est pour ou contre le socialisme.

Et ce classement a pour formule précisément celle que nous avons opposée au socialisme, et que nous avons adoptée pour notre Société : *le développement de l'initiative privée.*

Notre liste d'adhésion a d'ailleurs aidé à cette évolution; elle a prouvé à tous, que, sur le terrain de l'initiative privée opposée au socialisme, il était possible de réunir les hommes les plus séparés par les opinions politiques et d'opérer la concentration sociale. C'était tout ce que nous voulions implanter dans les esprits.

Ce résultat de deux années est donc bon ; mais ce n'est encore qu'une préface, un prologue avant la pièce. Nous chantons fort bien en chœur : « Vive l'initiative privée! A bas la tyrannie de l'État! » mais nous ne sommes pas au théâtre où l'on peut chanter : « Marchons, marchons », tout en restant en place. Dans la vie réelle, il ne suffit pas de chanter, il faut surtout agir ; il faut que les actes soient d'accord avec les paroles et avec la musique.

Or ce n'est pas avec des discours, ou même avec des déclarations ministérielles, qu'on fera reculer le socialisme : c'est en marchant réellement et non plus seulement en paroles, dans le sens du développement de l'initiative privée, de l'initiative individuelle.

Il nous faut maintenant travailler à rendre peu à peu aux Français, atrophiés par trois siècles de centralisation administrative, le sentiment que l'action privée est plus efficace que l'action publique pour résoudre les questions sociales.

Il ne faut plus que, lorsqu'il se manifeste, sur un point quelconque du territoire, une initiative quelconque, la lourde main de l'État s'abatte et la fasse rentrer sous terre. Il faut, au contraire, aider, soutenir, encourager les initiatives privées, dans la famille, dans la commune, dans le canton, dans la province, et il faut que, devant elles, l'État se retire peu à peu, progressivement, respectueusement, ainsi que son armée de fonctionnaires.

Par là, on déshabituera les Français de compter en tout et pour tout sur le secours de l'État et on combattra le socialisme non plus par des paroles, mais par des actes efficaces.

C'est à inaugurer cette seconde phase qu'il nous faut maintenant travailler.

II

La formule de l'initiative privée n'est qu'une formule générale, qui, pour grouper les volontés, pour servir de programme d'action, doit être précisée en quelques revendications claires, faciles à retenir et à propager, faciles aussi à faire accepter par l'opinion.

Il vaut mieux, pour commencer, en réduire le nombre; il faut fractionner les réformes, les sérier en quelque sorte, pour agir graduellement sur l'esprit public.

En voici trois, — le Programme des trois D, — qui s'imposent, avant toutes les autres, pour relever l'initiative privée et tenir tête au socialisme :

Dégrèvement des impôts;

Décentralisation administrative;

Diminution des charges militaires.

Toutes les sociétés à « formation communautaire d'État », qui sont précisément celles où le socialisme trouve son meilleur terrain de culture, succombent à la fois sous l'impôt, sous la centralisation administrative et sous les charges militaires. En portant la réforme sur ces trois points, on atteint donc directement le socialisme et on favorise du même coup le développement de l'initiative privée.

1° *Dégrèvement des impôts.* — Le socialisme, ayant pour programme de faire gérer administrativement toutes les fonctions sociales, d'attribuer à une vaste bureaucratie tous les services, de faire nourrir, vêtir et loger par les pouvoirs publics tous les citoyens, deviendrait, — s'il était seulement réalisable, — la plus énorme machine administrative qui ait jamais fonctionné parmi les hommes. Toute la production nationale, étant rendue collective, viendrait s'engouffrer dans le budget : l'impôt atteindrait et absorberait toutes les formes de la fortune publique.

Réclamer le dégrèvement de l'impôt, c'est donc orienter la société en sens inverse du collectivisme.

Mais il ne faut pas s'en tenir à une déclaration platonique. Il faut marcher pratiquement vers le but. Pour cela, tout impôt nouveau, ou toute transformation des impôts actuels, qui aurait pour conséquence une augmentation quelconque de charge, devrait être rejeté sans examen. Quoi qu'en disent certains politiciens, la France paye actuellement au delà de ce qu'elle peut fournir normalement. L'agriculture, l'industrie et le commerce traversent une crise aiguë et grandissante, que nos statistiques accusent malheureusement d'année en année. Le meilleur moyen de les protéger, c'est de les dégrever. Rappelons-nous que l'ancienne monarchie a cru aussi que la France pouvait être taxée indéfiniment. Lorsqu'elle s'est aperçue de son erreur, il était trop tard, la Révolution était faite, car la Révolution s'est faite bien plus contre l'oppression du fisc que contre l'oppression du roi. Nous n'avons aucun intérêt à laisser aux socialistes ce grief à exploiter, nous n'avons aucun intérêt à attendre, pour ouvrir les yeux, d'en être réduits à la situation financière de l'Italie.

Le dégrèvement serait d'ailleurs rendu facile par les deux autres réformes que nous indiquons, car les plus grosses charges tiennent précisément au développement exagéré de la bureaucratie et du militarisme. Ces trois réformes sont liées l'une à l'autre.

2° *Décentralisation administrative.* — Si l'État écrase l'initiative individuelle au moyen de l'impôt excessif, il la paralyse au moyen de la centralisation administrative. Le développement exagéré du fonctionnarisme comprime l'action privée sur toute l'étendue du territoire; il stérilise tout ce qu'il atteint.

L'opinion publique commence à en avoir conscience. Plusieurs journaux ont entrepris une campagne contre la centralisation, et un groupe vient de se constituer au Parlement, en vue de poursuivre la décentralisation administrative.

Enfin, le Ministère actuel paraît décidé, — du

moins il le déclare, — à entrer dans cette voie. A propos de la discussion du budget, le président du Conseil, M. Ribot, vient de s'exprimer ainsi : « Nous allons nommer une commission de décentralisation, car la centralisation actuelle pèse lourdement sur les pouvoirs locaux. Il faut, à cet égard, changer les habitudes nationales; il faut relâcher les liens actuels. Le gouvernement est prêt à étudier les solutions : nous voulons décentraliser. » C'est dans ce but qu'une commission de décentralisation vient d'être nommée (1).

Il faut encourager et soutenir cette bonne volonté; il faut aussi la guider, car, en France, la plupart de nos projets de décentralisation n'ont été que des projets de « déconcentration », si je puis m'exprimer ainsi. Ils ont eu seulement pour but d'attribuer à des fonctionnaires placés dans les départements certains services exercés aujourd'hui par des fonctionnaires placés au centre. Cela est insuffisant. C'est le fonctionnarisme, c'est la bureaucratie elle-même qu'il faut alléger, c'est la tendance qu'a l'État de se charger de tout, d'administrer tout, de comprimer partout l'initiative privée, qu'il faut modifier. Pour cela, il faut.

(1) Malheureusement, elle est surtout composée de fonctionnaires!

à la fois, réduire le nombre des fonctionnaires et l'étendue de leurs attributions. La décentralisation est cela, ou elle n'est qu'un mot vide de sens.

Mais, il nous suffit ici d'indiquer l'orientation générale, sans entrer dans les détails d'application qui demandent une étude plus étendue.

3° *Diminution des charges militaires.* — Cette troisième réforme est moins comprise que les deux autres, aussi est-il nécessaire de nous expliquer plus catégoriquement à ce sujet.

Il est très difficile à un Français de faire la moindre critique de notre système militaire, on lui ferme immédiatement la bouche au nom de l'intérêt national. Nous sommes d'un chauvinisme qui ne souffre aucune observation. Tout ce qui concerne l'armée est chose à quoi l'on ne peut toucher.

Cependant ce n'est un mystère pour personne que tous les Français, même les plus chauvins, n'ont qu'une préoccupation : se soustraire au service de trois ans et y soustraire leurs fils ; toute la vie est orientée vers ce but.

Si le service de trois ans est nécessaire, pourquoi s'y soustraire?

S'il est inutile, pourquoi le défendre?

N'y a-t-il pas une sorte de contradiction à s'y soustraire et à le défendre tout à la fois?

Depuis la nouvelle loi militaire, les Écoles qui dispensent de deux ans de service sont encombrées de candidats. Plusieurs de ces Écoles périclitaient faute d'élèves; elles en regorgent maintenant. A l'École de Droit, on en est même arrivé à abaisser les épreuves, et par conséquent les études, pour pouvoir délivrer un plus grand nombre de ces diplômes libérateurs. Les professeurs se souviennent qu'ils sont pères, et leur paternité est moins intransigeante que leur chauvinisme.

Parmi les sénateurs et les députés, combien y en a-t-il dont les fils fassent trois ans de service? — Y en a-t-il dix? — Ainsi, on donne au service de trois ans ses votes, mais on ne lui donne pas ses fils.

Cette simple constatation nous met à l'aise pour nous expliquer librement.

Le service de trois ans présente un grave inconvénient au point de vue social : il désorganise toutes les professions. Il prend les trois plus belles années de la jeunesse, celles qui sont les plus décisives pour toute l'orientation de la vie; celles pendant lesquelles on choisit sa voie et on s'y engage. Après cette longue interruption, l'homme a perdu en partie ce qu'il avait acquis antérieurement et il a à faire une sorte de recommencement, à un âge où il devrait déjà être engagé dans la vie sérieuse et active. Tout son avenir est entravé.

On s'en rend si bien compte qu'on a voulu, du moins, soustraire à cette catastrophe les jeunes gens qui se destinent aux professions libérales, en ne leur imposant qu'un an de service.

La législation semble donc estimer que les professions libérales sont plus utiles et doivent par conséquent être plus sauvegardées que l'agriculture, l'industrie et le commerce.

Et cependant il est manifeste que les professions libérales sont des professions de luxe, tandis que les professions usuelles sont, pour un pays, les professions vitales.

La prospérité et la vitalité d'un peuple dépendent davantage du développement de son agriculture, de son industrie et de son commerce que du nombre de ses avocats, de ses lettrés et de ses politiciens.

On le sent si bien que l'on déplore, de toute part, la tendance malheureuse des Français à dédaigner les professions usuelles et à s'en éloigner. Cette désertion de la jeunesse riche et intelligente nous met en état d'infériorité sociale vis-à-vis d'autres peuples mieux avisés. Chez nous, toute famille qui s'élève ambitionne pour ses enfants l'entrée dans les professions libérales, ce qui décapite constamment de leurs plus utiles éléments les professions usuelles. C'est à cela encore que nous devons d'avoir des colonies sans colons, c'est-à-dire des colonies purement administratives, qui coûtent très cher et ne rapportent presque rien.

Or, la loi militaire vient encore aggraver cet état de choses, en donnant une prime exorbitante à ceux qui se destinent aux professions libérales déjà si encombrées. Elle encourage, elle enracine profondément le mal le plus aigu dont nous souffrons.

Elle a un autre inconvénient grave : elle favorise le développement du fonctionnarisme.

Avec la désertion des professions usuelles par l'élite de la nation, le fonctionnarisme, le développement exagéré de l'administration, est la plaie qui nous ronge le plus. Le fonctionnarisme prend et annihile le meilleur de notre jeunesse; il tue toute initiative en France ; il entrave l'agriculture, l'industrie et le commerce, par un luxe de formalités administratives qui nous placent immédiatement après les Chinois; il rend nos colonies inhabitables pour nos rares colons; enfin il augmente, dans des proportions considérables, le poids déjà si lourd du budget.

Or, les mêmes examens qui dispensent du service de trois ans, ouvrent, en même temps, les principales carrières administratives : ils sont la grande porte d'entrée du fonctionnarisme.

Par la loi militaire, l'élite de la bourgeoisie s'est donc constitué, en plein dix-neuvième siècle, un privilège encore plus injustifiable que celui de l'ancienne noblesse. Si cette dernière était devenue une classe de courtisans oisifs, si elle vivait, elle aussi, sur le budget, du moins elle n'essayait pas de se soustraire à l'impôt du sang.

L'intérêt social et la justice sont donc également sacrifiés par notre régime militaire.

L'intérêt de la défense nationale est-il au moins sauvegardé?

Voici deux constatations qui peuvent nous fixer à ce sujet :

1° Le service de trois ans ne permet pas de constituer des cadres solides : la plupart de nos sous-officiers n'ont que trois ans de service, et au moment où ils atteignent ce grade, ils sont au terme de leur période et quittent l'armée. Or, de l'avis de tous les officiers, la solidité du cadre fait la solidité de l'armée.

2° Les inconvénients du service de trois ans sont tellement graves qu'il se produit déjà une tendance à restreindre cette période. Le général Iung vient de déposer un projet de loi ayant pour but de réduire le service à deux ans. Mais voici qui est encore plus significatif : en fait, on est déjà arrivé à cette réduction et même au delà.

« Depuis une année et presque à notre insu, dit le *Journal des Débats*, nos institutions militaires sont orientées dans un sens tout nouveau. Sous le couvert du service légal de trois ans, c'est le service de deux ans, de dix-huit mois, d'un an même, qui est mis en vigueur. A l'armée encore respectable et solide que le législateur de 1889 avait cru donner à la France, on est en train de substituer insensiblement une armée de recrues hâtivement instruites, acheminement lent, mais sûr, vers les trop fameuses gardes nationales chères aux radicaux et aux socialistes ; — en un mot, il est grand temps de donner un vigoureux coup de barre. »

Ainsi, par la force des choses, par l'action irrésistible de l'opinion combinée avec l'impossibilité de faire face aux dépenses imposées par notre régime militaire, nous en arrivons peu à peu, sournoisement et en éludant la loi, au service d'un an. L'intérêt social et la justice sont ainsi sauvegardés, mais c'est maintenant la défense nationale qui est compromise.

Le régime actuel aboutit donc à un double inconvénient :

S'il est strictement appliqué, il désorganise toutes les carrières et compromet gravement la fortune publique.

S'il est atténué, il réduit l'armée à n'être qu'une cohue de conscrits.

Dans les deux cas, il ne donne qu'une armée sans cadre solide.

Il ruine donc le pays, soit socialement, soit militairement

Il faudrait cependant mettre d'accord l'intérêt social et l'intérêt militaire, tous deux également essentiels.

Cette conciliation n'est pas impossible.

Si on consulte les ouvrages publiés récemment par nos officiers généraux les plus distingués, on y remarque deux tendances contradictoires : les uns affirment que l'avenir est aux armées nombreuses; les autres, aux armées de métier bien exercées et bien encadrées. On m'affirme que cette dernière opinion tend même à prévaloir de plus en plus dans le monde militaire.

Il résulte de ce désaccord que nous sommes dans une période de transition. La sagesse consiste donc à chercher une combinaison qui permette de faire face aux deux éventualités possibles, en nous assurant à la fois le nombre et la qualité, au lieu de sacrifier, comme on le fait aujourd'hui, celle-ci à celui-là.

Le nombre ne peut être donné que par le service militaire universel.

La qualité ne peut être donnée que par l'armée de métier.

Le nombre et la qualité à la fois ne peuvent être donnés que par la combinaison du service universel et de l'armée de métier.

Et cette combinaison, qui peut sauvegarder l'intérêt militaire, peut également sauvegarder la justice et l'intérêt social.

L'intérêt social serait sauvegardé, si on réduisait le service universel à un an, parce que cette période d'instruction serait assez réduite pour ne pas trop désorganiser les diverses professions.

La justice serait sauvegardée, si tout le monde

était soumis à cette durée uniforme de service, ce qui supprimerait le privilège mal organisé qui existe aujourd'hui.

Enfin l'intérêt militaire serait sauvegardé, si, à côté de la milice, on créait une armée de métier. Mais il ne saurait être question ici de la conscription obligatoire qui ressusciterait les inconvénients de l'ancienne armée; il s'agit d'une armée composée exclusivement de volontaires s'engageant pour une longue période. Le recrutement de ces volontaires serait facile, si on leur assurait sérieusement, pendant la durée du service, une situation suffisamment honorable, et, à l'expiration du service, certains emplois administratifs dont dispose l'État.

On trouve, pour les professions les plus infimes, les plus pénibles et les plus instables de la vie civile, des milliers de candidats; il est inadmissible qu'on n'en trouve pas pour la profession militaire qui n'est, en somme, ni infime, ni pénible, ni instable. Il suffit pour cela de la rendre acceptable et supportable.

L'existence de cette armée de volontaires atténuerait les inconvénients du service d'un an, grâce à la juxtaposition d'un élément militaire très stable et bien exercé. Elle aurait pour effet de donner à la milice précisément ce qui nous fait actuellement défaut, un cadre solide dans lequel on la verserait en cas de guerre, suivant des combinaisons à établir par les spécialistes.

Ainsi, la paix cesserait d'être aussi ruineuse que la guerre. Elle ne serait plus aussi ruineuse, parce que la vie civile ne serait pas désorganisée et parce que la suppression de deux ans de service pour la masse de la nation, permettrait de réaliser des économies considérables sur notre budget actuel.

Cette organisation militaire n'est point une conception de notre esprit; elle est nettement indiquée par l'évolution sociale qui s'accomplit dans le monde.

Le service universel est la forme militaire actuelle des sociétés à formation communautaire d'État, qui prédomine encore dans l'Occident de l'Europe.

Ces sociétés à grands pouvoirs publics centralisés sont plus portées à s'organiser pour les compétitions internationales que pour les luttes du travail : elles subordonnent les intérêts de la paix à ceux de la guerre.

Au contraire, l'armée de volontaires est la forme militaire naturelle des sociétés à formation particulariste, ainsi qu'on peut l'observer dans le monde anglo-saxon. Ces sociétés à pouvoirs publics réduits et décentralisés sont plus portées à s'organiser pour les luttes du travail que pour les compétitions internationales : elles subordonnent les intérêts de la guerre à ceux de la paix.

C'est vers ce type social que le monde évolue actuellement : il constitue le type de l'avenir. Tous nos efforts doivent donc tendre à marcher dans le sens d'une évolution qui est fatale, et qui ne doit pas se faire sans nous et contre nous.

La combinaison des deux systèmes militaires, telle que nous la proposons, est donc naturellement indiquée pour nous orienter graduellement dans le sens de cette évolution : elle nous permet, grâce à la milice, de continuer à faire face aux peuples du vieux système militaire, qui mettent sous les armes la nation entière ; d'autre part, elle nous permet, grâce à l'armée de volontaires, de réduire au minimum le temps de service et de nous acheminer ainsi vers le type militaire des sociétés les plus progressistes.

Je ne crois pas me tromper en disant que c'est bien là la seule solution scientifique.

Il faut ajouter que cette réforme serait certai

nement au moins aussi populaire que les deux précédentes. Toutes les trois réunies donneraient aux défenseurs de l'initiative individuelle la meilleure des plates-formes politiques pour engager la lutte contre le socialisme et le faire reculer.

N'oublions pas que le socialisme n'est qu'une vague théorie humanitaire, qui tire sa principale et même son unique force des abus de notre régime social actuel.

Si la fraction de la bourgeoisie qui détient aujourd'hui le pouvoir ne sait pas arracher elle-même ces abus, elle sombrera, comme toutes les castes qui ont eu plus de goût pour la domination que pour l'intérêt public.

Mais la force des choses, qui pousse actuellement le monde vers le développement de l'initiative individuelle, ne sera pas arrêtée pour cela.

Le programme social
et les appréciations de la presse.

La publication de ce programme, dans la *Science sociale*, a provoqué des appréciations nombreuses et dont quelques-unes sont assez inattendues. Les unes nous sont arrivées sous la forme de lettres, les autres sous forme d'articles de journaux.

Parmi nos correspondants figurent plusieurs députés, deux anciens présidents du Conseil et un général, ancien ministre de la Guerre : ils jugent diversement le *Programme des trois D.*

Dégrèvement des impôts.

Décentralisation administrative.

Diminution des charges militaires.

Mais je ne veux, aujourd'hui du moins, m'occuper que des appréciations de la presse.

Dans un premier article, intitulé : *Les deux armées*, *le Soleil* apprécie en ces termes la dernière question du Programme :

« Diminuer les charges militaires, tout en augmentant la force de l'armée : telle est la conception que développe M. Edmond Demolins, le distingué directeur de la *Science sociale*.

« Cette conception est séduisante. Je doute qu'elle soit réalisable avec les tendances qui ont cours actuellement.

« M. Demolins veut bien que tout le monde soit soldat en temps de guerre, que tout le monde reçoive l'instruction militaire en temps de paix. Il est partisan du service personnel, obligatoire et égal pour tous, mais il demande que le temps de présence sous les drapeaux soit fixé, *ne varietur*, à un an pour tout le monde.

« A ceux qui se récrieraient et objecteraient qu'on ne peut pas, sans danger pour la défense nationale, réduire à un an la durée du service, M. Demolins répond en nous montrant quelle est la situation actuelle.

« L'obligation du service de trois ans, égal pour tous, est inscrite dans la loi. En réalité, c'est un leurre, un trompe-l'œil. D'abord nous n'avons jamais eu le service égal pour tous. Ensuite nous n'avons jamais eu le service de trois ans.....

« Au lieu d'arriver au service d'un an hypocritement et honteusement, pourquoi ne pas en inscrire franchement le principe dans la loi ? Pourquoi ne pas décider que chaque contingent fera tout entier un an de service au minimum et que le ministre de la Guerre aura la faculté de retenir le contingent d'un mois à six mois de plus sous les drapeaux, au cas où les intérêts de la défense nationale l'exigeraient, et cela naturellement dans la limite des crédits budgétaires ?

« M. Demolins explique que le service de trois ans désorganise toutes les professions :

« Il prend, dit-il, les trois plus belles années de la jeunesse, celles qui sont les plus décisives pour toute l'orientation de la vie, celles pendant lesquelles on choisit sa voie et on s'y engage. Après cette longue interruption, l'homme a perdu une partie de ce qu'il avait acquis antérieurement et il a à faire une sorte de recommencement à un âge où il devrait déjà être engagé dans la vie sérieuse et active. Tout son avenir est entravé. »

« Le directeur de la *Science sociale* conclut en disant que le régime militaire aboutit à un double inconvénient :

« S'il est strictement appliqué, dit-il, il désorganise toutes les carrières et compromet gravement la fortune publique.

« S'il est atténué, il réduit l'armée à n'être qu'une cohue de conscrits.

« Dans les deux cas, il ne donne qu'une armée sans cadres solides.

« Il ruine donc le pays, soit socialement, soit militairement. »

« Le service d'un an ne désorganiserait pas les carrières. L'intérêt social serait sauvegardé. Il n'est pas de profession dans laquelle la présence d'un an sous les drapeaux entraverait l'avenir des jeunes gens. Mais il est évident qu'avec le service d'un an les cadres inférieurs n'existent plus.

« Le service d'un an égal pour tous, n'est donc possible, M. Demolins se hâte de le constater, que si, à côté de l'armée du service obligatoire, comprenant tous les contingents, on crée une armée de soldats de métier qui fournirait les troupes de couverture et serait en même temps la pépinière des sous-officiers. L'armée du service obligatoire serait une école d'instruction militaire. L'armée des soldats de métier serait destinée à encadrer l'armée du service obligatoire.

« Je crois en principe que le système que propose M. Demolins concilierait l'intérêt social avec ceux de la défense nationale s'il pouvait être appliqué. Mais est-il applicable? voilà la question. D'abord le courant d'idées qui domine actuellement n'est guère favorable à la reconstitution d'une armée de soldats de métier, qui serait immédiatement qualifiée d' « armée prétorienne » par les organes de la presse radicale. Ensuite cette armée de soldats de métier, M. Demolins propose de la constituer par le système des enrôlements volontaires. S'il s'agit d'avoir une armée de deux ou trois cent mille hommes, je doute qu'on y arrive si on veut recruter cette armée exclusivement par les enrôlements volontaires, car il faut bien reconnaître que la profession des armes est beaucoup moins recherchée qu'autrefois. Ou bien il faudrait donner des primes d'enrôlement si élevées qu'elles grèveraient le budget d'une dépense colossale. Je crois qu'on pourrait créer une armée de volontaires pour le service militaire dans les colonies, mais non pas pour le service militaire dans la métropole, car il est évident que l'armée de soldats de métier que demande M. Demolins et qui constituerait, en somme, à elle seule, l'armée du pied de paix, ne devrait pas être inférieure à deux cinquante mille hommes encadrant chaque année un contingent à peu près d'égale force.

« M. Demolins voudrait que nous eussions un système militaire donnant le nombre et la qualité des soldats et n'imposant pas de charges trop lourdes au pays. Nous le voudrions aussi. Mais il faut avouer que c'est un problème dont la solution est difficile. Diminuer les charges militaires en augmentant la force de l'armée, c'est l'idéal! Oserons-nous dire qu'il nous rappelle un peu celui du personnage qui veut qu'on demande plus à l'impôt et moins aux contribuables.

« H. de Kerohant. »

M. H. de Kerohant est donc d'accord avec nous « en principe » ; il croit que la réforme que nous demandons « concilierait l'intérêt social avec celui de la défense nationale ». Mais il se demande si elle est applicable.

Il y voit deux difficultés :

D'abord l'opposition de la presse radicale. Sur ce point, les extraits que nous reproduisons plus loin témoignent que cette crainte est exagérée et que certains socialistes sont disposés à accepter même l'armée de métier, pour échapper à l'état actuel.

En second lieu, M. de Kerohant estime qu'il faudrait donner des primes d'enrôlement trop élevées pour recruter des volontaires. C'est moins avec des primes élevées qu'on recrutera des volontaires qu'en leur assurant *formellement et sérieusement* certaines situations administratives à l'expiration de leur temps de service. Des primes de ce genre ne grèveraient pas le budget, puisque ces situations existent aujourd'hui. La seule différence, c'est qu'on les accorderait comme reconnaissance des services rendus, au lieu de les donner à la faveur, aux protections, ou au hasard. Avec l'engouement malheureux des Français pour les positions administratives, pour les professions qui n'exposent à aucune chance et à aucun aléa, les candidats seraient plus nombreux qu'on ne pense. Les faits le prouvent d'ailleurs, car, même sous le régime actuel, les réengagements deviennent tellement nombreux qu'il est question d'en diminuer le nombre. La crise agricole et l'encombrement d'une foule de carrières ne peuvent qu'accélérer ce mouvement. L'armée de volontaires apparaîtra alors comme une ressource à une foule de jeunes gens. Cela n'a rien de commun avec la facétie que me décoche, en terminant, M. de Kerohant, et qui consiste « à demander plus à l'impôt et moins aux contribuables ».

Les autres organes de la presse conservatrice et républicaine modérée ont gardé une attitude réservée et plutôt expectante dont l'article du *Soleil* donne assez exactement la note.

L'attitude des journaux socialistes a été bien différente. Loin de justifier les craintes exprimées par le *Soleil,* ils approuvent notre programme avec une unanimité et une chaleur qui auraient pu nous étonner si nous n'en pénétrions la cause que nous expliquons plus loin.

Voici d'abord un mot que m'a adressé M. Millerand :

« Mon cher confrère,

« Il y a déjà longtemps que j'ai signalé, comme vous-même, la nécessité d'un nouveau classement des partis opéré au point de vue social. Mais je suis loin d'admettre, pour séparer les socialistes des autres, le criterium aussi habilement qu'inexactement choisi de l'initiative individuelle. Loin d'être l'étouffement de la personnalité humaine, le socialisme doit en être l'efflorescence.

« Je ne saurais trop vous féliciter, en terminant, des considérations que vous présentez sur le militarisme. Elles vous vaudraient, si nous avions le plaisir de vous compter parmi nos partisans, de belles injures de vos amis.

« Croyez-moi, je vous prie, votre dévoué confrère.

« A. Millerand. »

En opposant au socialisme, il y a deux ans, la formule de l'initiative individuelle, nous n'avions pas pour préoccupation d'être « habiles », mais seulement d'êtres exacts, ce qui est, il est vrai, la plus sûre des habiletés. M. Millerand n'est pas de cet avis : « Loin d'être l'étouffement de la personnalité humaine, me dit-il, le socialisme doit en être l'efflorescence. »

Voilà une affirmation qui pourra paraître plus habile qu'exacte.

M. Liebrecht est peut-être moins habile, mais certainement plus exact quand il écrit : « Nous, socialistes, nous croyons que l'individu n'est rien en présence de la société. » (Le *Forum*, février 1895.) Il paraît bien difficile de constituer une société libre avec des individus annihilés.

Dans la conférence contradictoire et d'ailleurs absolument courtoise que j'ai eue avec M. Paul Lafargue, ce dernier s'est exprimé ainsi, d'après le texte que nous avons publié dans la *Science sociale*, et dont il a revu les épreuves : « Dans la société telle que nous la concevons, on déterminera la somme de travail nécessitée pour produire de quoi satisfaire amplement tous les besoins. On détermine bien aujourd'hui la quantité de blé qu'il faut pour nourrir le pays (1), il sera plus facile de déterminer la quantité de chaussures qu'il faudra pour chausser les pieds de la France. On partagera ce travail entre tous les membres actifs de la société et l'on fixera la quantité d'heures exigible de chaque individu pour être admis à jouir librement de toutes les richesses créées par le travail de tous. Alors seulement l'homme sera libre dans la société... (2). »

Évidemment, pour estimer que l'homme sera libre dans ces conditions-là, il faut que les socialistes aient renversé complètement la notion de la liberté. Cet « on » qui doit déterminer, réglementer, partager le travail et la jouissance de chacun, comment pourra-t-il faire tant de choses sans comprimer, sans étouffer la liberté, l'indépendance, « l'initiative individuelle? »

Et puis, cet « on » qui est-ce? Sinon une administration quelconque, une bureaucratie quelconque, un corps de fonctionnaires quelconque. Sans doute, ces fonctionnaires seront charmants,

(1) On détermine cette quatité pour connaître la production et la consommation, et non pour régler l'une et l'autre, ce qui est bien différent. C'est une question de statistique et non une question de gouvernement et d'administration.

(2) *La Science sociale*, livraison de juillet 1892, p. 42, du Mouvement social.

pleins de bonne grâce, de courtoisie, de prévenances délicates pour consulter en toutes choses les goûts de chacun. Cela sera assurément nouveau et nous changera singulièrement de la bureaucratie actuelle. Mais est-il en notre pouvoir de modifier la nature humaine et ce qu'il y a de plus fixe, de plus immuable dans la nature humaine, la nature du fonctionnaire? Vous savez bien que non.

Et comment pourrait fonctionner cette énorme machine administrative qui devra diriger, contrôler, surveiller toute l'activité humaine, sinon au moyen d'une armée de fonctionnaires (appelez-les si vous voulez d'un autre nom), dix fois, vingt fois plus nombreuse que celle dont nous jouissons actuellement. Et comment rémunérera-t-on une pareille armée sans un budget formidable? Comment la fera-t-on marcher sans une centralisation non moins formidable?

Vous voyez bien qu'en proposant comme formule le dégrèvement de l'impôt et la décentralisation administrative, nous orientons bien réellement la société en sens inverse du socialisme. Cela n'est pas seulement habile, cela est vrai.

Je n'incrimine pas vos intentions, mon cher confrère, je suis parfaitement convaincu que vous n'avez en vue que le bien public ; j'incrimine seulement votre but, parce qu'il est contraire à ce bien public que vous avez en vue. Je ne veux pas me tromper, même en votre compagnie.

Parmi les articles publiés dans les journaux socialistes, j'en signalerai seulement trois : celui de M. Maurice Barrès, dans la *Cocarde ;* celui de M. Clémenceau, dans la *Justice ;* celui de M. Gustave Rouanet, député de Paris, dans la *Petite République*, dont M. Millerand est le rédacteur en chef. Ils suffisent à donner une idée des autres.

L'article de M. Maurice Barrès est intitulé : « Le *Bourru bienfaisant.* » Le Bourru bienfaisant, c'est votre serviteur, qui ne s'attendait pas à avoir à la fois ce défaut et cette qualité.

M. Maurice Barrès commence par s'en prendre aux conclusions de mon article :

« Elles sont provocantes, dit-il : « Le socialisme n'est qu'une vague théorie humanitaire qui tire sa principale et même son unique force des abus de notre régime actuel. » Mais quoi ! c'est le ton plus que l'idee qui peut nous déplaire dans cette phrase. L'auteur continue : « Si la fraction de la bourgeoisie qui détient aujourd'hui le pouvoir ne sait pas arracher elle-même ces abus, elle sombrera, comme toutes les castes qui ont eu plus de goût pour la domination que pour l'intérêt public ». Voilà qui n'est pas mal vu. Au résumé, l'auteur croit à une transformation sociale et la souhaite, mais il oppose au « socialisme » l'initiative individuelle dont il est tout féru.

« Eh! l'avenir est vaste et chacun peut y installer des rêves de sa façon. Voyons les rêves immédiats de M. Demolins.

« C'est d'abord *le dégrèvement des impôts*, puis *la décentralisation administrative* et enfin *la diminution des charges militaires*.

« Il n'y a rien là que d'excellent et si l'on approuve les raisonnements par quoi l'auteur justifie ces trois réformes, on s'étonne que dans son esprit ces réformes soient des machines de guerre contre le socialisme.

« Essayons de saisir son idée. Toute la production sociale, étant rendue collective (par le système collectiviste), viendrait s'engouffrer dans le budget, dit-il : dès lors l'impôt atteindrait et absorberait toutes les formes de la fortune publique. Jouons un bon tour aux collectivistes : réclamons la diminution de l'impôt! Par là nous opposons à la formule socialiste une formule diamétralement opposée; nous orientons la société en sens inverse du collectivisme.

« Veuillez relire ce raisonnement, comprenez que M. Demolins le renouvelle pour la décentralisation et pour l'allégement des charges militaires, et vous sourirez en lui tendant la main.

« Monsieur, lui direz-vous, vous vous composez un étrange monstre tout idéal dans votre tête. Ce monstre, c'est le vaste parti socialiste. Vous pensez l'attrister en lui accordant le dégrèvement des impôts, la décentralisation administrative et la diminution des charges militaires. Mais en réalité vous jetez quelques bonnes bouchées de pain et de viande à un monstre affamé qui réclame sans doute un dîner plus complet mais apprécie vos bons procédés. »

« Notez que je ne puis analyser, faute de place, ce que dit M. Demolins du service militaire de trois ans auquel on soustrait les jeunes gens qui se destinent aux professions libérales, tandis qu'on y abandonne l'agriculture, l'industrie et le commerce. « Notre loi militaire donne une prime exorbitante à ceux qui se destinent aux professions libérales déjà si encombrées. Elle favorise en outre le développement du fonctionnarisme, car les mêmes examens qui dispensent du service militaire de trois ans ouvrent les principales carrières administratives. »

« Voilà un raisonnement où nous approuvons encore M. Demolins.

« Il faut bien entendre que le collectivisme n'est qu'une formule parmi les innombrables conceptions de l'avenir que se composent les « partisans de la transformation sociale ». C'est une systématisation de philosophes. Une philosophie de l'histoire du futur.

« En fait et dans le présent, si les réformes que préconise M. Demolins étaient présentées au parlement, elles seraient votées par les socialistes et repoussées par les amis de M. Yves Guyot. Voilà qui contrarie un peu les classifications de M. Demolins quand il divise le monde politique en deux groupes : les socialistes et les antisocialistes, pour se ranger parmi ces derniers qui le rejettent, tandis que les premiers qu'il veut combattre l'encouragent.

« Tout cela, si compliqué, est en réalité fort clair. M. Demolins répugne au collectivisme. Il faudrait d'abord s'entendre sur les raisons qu'en a M. Demolins et vérifier si l'initiative privée est incompatible avec l'argumentation collectiviste. Quand M. Demolins nous aurait convaincu, nous lui demandrions alors si son individualisme ne s'accommode pas de la direction proudhonnienne. Mieux satisfait par Prouhon que par Karl Marx, notre honorable contradicteur persisterait pourtant à préférer ses propres idées. Nous ne saurions l'en blâmer.

« Nous lui demanderons simplement de reconnaître qu'il a quelque chose de commun avec les amis de Proudhon et de Karl Marx, c'est de croire que la caste aujourd'hui possédante va sombrer dans une transformation du régime social. C'est cette conviction et ce désir qui constituent le socialiste. Le socialiste, d'ailleurs, peut parfaitement être individualiste. Entre le sentiment du *moi* et le bénéfice de la solidarité, on essaye de bâtir une opposition aussi déraisonnable que si l'on prétendait qu'un individualiste ne peut s'asseoir dans un compartiment de chemin de fer, parce qu'il participe là d'une organisation collectiviste.

« Le certain est que M. Demolins, par ses propositions de réformes, se joint aux adversaires des conservateurs socialistes. Et voilà les deux graves discussions : ceux qui veulent transformer, ceux qui veulent conserver l'ordre existant.

« M. Demolins me fait un peu songer à ses sympathiques personnages de la comédie qui grognent, protestent et rendent mille services... Cette école de Le Play sur les esprits modérés, sur les tempéraments anti-révolutionnaires nous donne une excellente aide. Ils nous attaquent; qu'importe; c'est le bourru bienfaisant.

« Maurice Barrès. »

Je donne immédiatement les articles de MM. Clémenceau et Rouanet, parce que leurs observations concordent avec celles de M. Maurice Barrès; il est plus simple de répondre à la fois aux trois articles.

M. Clémenceau s'exprime ainsi dans la *Justice* :

« M. Demolins est, tout comme l'empereur Guillaume, un dompteur du monstre socialiste. Je me hâte de dire que sa situation supérieure de simple citoyen le met à l'abri des erreurs d'un despote. Le socialisme n'est, pour lui, « qu'une vague théorie humanitaire qui tire sa principale et même son unique force des abus de notre régime social actuel ». Mais s'il ne se propose pas d'*amadouer le socialisme, de caresser la bête pour l'empêcher de mordre*, il ne veut pas davantage la refouler à coups de sabre. C'est par la seule supériorité de l'action réformatrice qu'il prétend enlever aux théories leur pouvoir de séduction sur les esprits.

« M. Demolins ne s'illusionne pas. Une aussi belle victoire ne peut être obtenue qu'au prix des plus héroïques efforts. « Si la fraction de la bourgeoisie qui détient aujourd'hui le pouvoir ne sait pas arracher elle-même les abus, elle sombrera comme toutes les castes qui ont eu plus de goût pour la domination que pour l'intérêt public. » Pour prévenir un tel désastre, qu'est-ce que nous propose M. Demolins? *Relever l'initiative privée* : c'est, comme on voit, la bonne panacée économiste.

« Notre réformateur, cependant, ne s'en tient pas à cette formule vague. Il ne tente, à la vérité, aucune critique des formules socialistes, mais il se risque bravement à indiquer quelles mesures de gouvernement doivent découler, suivant lui, de ce *programme social*. Ces mesures sont au nombre de trois : la diminution des impôts, la décentralisation administrative, l'allégement des charges militaires.

« Je suis grand partisan de ces excellentes réformes et je me proclame tout d'abord un disciple résolu de M. Demolins. A dire vrai, je crois qu'il n'aurait pas beaucoup de difficulté à obtenir pour son programme social l'adhésion des Français de tous les partis, du socialiste le plus échevelé au réactionnaire le plus furibond (1).

— Voulez-vous permettre, ô contribuable de France, qu'on diminue vos impôts?

— J'allais vous le demander.

— Consentez-vous à administrer librement votre

(1) Si cet accord existe, comment expliquer que les impôts, la centralisation et les charges militaires aillent toujours en augmentant? — E. D.

commune au lieu d'être à toute heure *molestée* par votre préfet qui s'ingère jusque dans la répartition des cailloux sur les grands chemins?

— Oui vraiment, j'y consens de grand cœur.

— Et vous déplairait-il que le service militaire fût allégé?

— Nous en aurions tous une joie extrême.

« C'en est fait. Les grandes réformes de M. Demolins sont accomplies. Il y a lieu de s'en réjouir assurément, et je serais le dernier à lui marchander les éloges. Un grand pas aura été fait vers l'utilisation normale des activités politiques du pays; une charge notable aura pu être enlevée des épaules de notre laborieuse jeunesse; le contribuable même aura peut-être ressenti les effets de la générosité du réformateur.

« Seulement, je me demande en quoi le socialisme serait tenu en échec par les réformes nouvelles, et pourquoi et comment les grandes revendications de justice sociale se trouveraient subitement apaisées.

« M. Demolins n'a consacré que quelques lignes à la question de la diminution des impôts, et c'est grand dommage. Diminuer les impôts, cela est bientôt dit. Mais comment? Il n'y a qu'un seul moyen qui serve — surtout quand on doit la bagatelle de trente ou quarante milliards — c'est de réduire les dépenses. Lesquelles? Question capitale que M. Demolins n'a pas même abordée [1].

« Cette question elle-même est d'ailleurs dominée

(1) M. Rouanet, que nous citons plus loin, est d'un avis différent. — E. D.

par une autre à laquelle M. Demolins n'a pas fait la plus légère allusion : c'est le problème d'une plus juste répartition des charges des contribuables. Quand j'aurai enlevé vingt sous d'impôt à M. de Rothschild et vingt sous à mon crémier, je ne saurais me flatter d'avoir porté au socialisme un coup bien redoutable, ni d'avoir fait l'ordre social sensiblement meilleur.

« Y a-t-il, sur les subsistances de première nécessité, des impôts qui écrasent les misérables, et font d'une médiocre aisance quelque chose avoisinant de très près la pauvreté? Tous nos impôts sont-ils conçus dans le même esprit, lourds aux petits, légers aux forts? La bourgeoisie, républicaine ou non, résiste-t-elle désespérément à toute réformation pouvant amener une répartition plus équitable des charges publiques? M. Demolins est fixé là-dessus, comme moi-même. Combien je regrette que la plume lui soit tombée des doigts au bon moment.

« Pour la décentralisation, pour l'allègement des charges militaires, j'applaudis de grand cœur à M. Demolins, sans croire comme lui qu'il soit possible de revenir aux petites armées professionnelles d'antan.

« Mais j'incline à croire que toutes ces belles réformes, dont je proclame, avec M. Demolins, l'urgente nécessité, n'aboutiront qu'à renforcer la propagande de justice sociale, à multiplier, à développer les foyers d'action socialiste. Je suis loin de m'en plaindre, et M. Demolins ne doit pas s'en effrayer davantage. En obligeant les socialistes à descendre des hauteurs de la théorie pour se mesurer avec les réalités sociales, il fera de nos révolutionnaires des politiques apaisés, pru dents, circonspects. Dûment canalisée, l'action socialiste nous donnera l'évolution progressive. Tandis qu'il me faut bien reconnaître, avec M. Demolins, que la prolongation du *statu quo* actuel nous mène tout droit à la révolution.

« Le *programme social* antisocialiste de M. Demolins a donc pour principale vertu, à mon avis, de favoriser le socialisme qu'il a la prétention de combattre. Mais quelle aberration de croire que, tandis qu'on s'efforcerait d'appliquer les réformes proposées par le rédacteur de la *Science sociale*, les conflits du travail et du capital s'arrèteraient complaisamment pour ne pas troubler l'attention publique. La réduction des heures de travail, les lois de fabrique, les assurances ouvrières, autant de problèmes hardiment abordés dans les monarchies qui nous entourent, quelques-uns même en partie résolus. Comment admettre que les citoyens de notre République soient moins anxieux de ces réparations de justice que les sujets de Guillaume II ou de François-Joseph ?

« J'entends bien que M. Demolins est hostile aux solutions allemandes parce qu'elles sont d'autorité d'État, tandis qu'il tient pour l'initiative privée. Mais outre qu'il ne nous laisse entrevoir aucune solution de ces questions, il a le grand tort de ne vouloir considérer dans l'homme que la liberté individuelle, et de ne rien demander à la part ordinaire de liberté sacrifiée, dont se fait, dans tous les pays du monde, l'autorité sociale.

« Il néglige seulement ce fait que la mentalité des sociétés s'exprime à la fois par l'individu et par tout organe de vie sociale. Sans doute il y a lieu d'encourager, de développer l'initiative privée. Mais pourquoi supprimer de l'homme sa sociabilité, et refuser aux sociétés qu'il fonde le droit d'employer l'autorité de tous au profit des faibles pâtissant de l'excès de pouvoirs des forts ?

« C'est la faute capitale de M. Demolins d'écarter toutes ces questions de son *programme social*. Tous ceux qui souffrent de l'ordre économique actuel se détourneront de lui, puisqu'il ne leur apporte aucune amélioration de leur condition (1). Les autres accepteront peut-être, en théorie, les réformes proposées, discuteront, ergoteront, mais ne feront rien, par la raison que la force brutale de centralisation armée est l'*ultima ratio* des hautes classes possédantes.

« Il est bien inutile, vraiment de se donner tant de mal pour chercher *un nouveau classement des partis* quand les faits quotidiens nous montrent en toute occasion deux classes d'hommes : ceux qui demandent plus de justice sociale et ceux qui refusent.

« G. CLÉMENCEAU. »

Voici enfin les appréciations de M. Rouanet. dans la *Petite République* :

« *Nouveau programme*, c'est le titre abrégé d'une étude parue dans le dernier numéro de la *Science so-*

(1) Si les trois réformes que nous demandons ne doivent apporter aucune amélioration à ceux qui souffrent, pourquoi les socialistes mettent-ils tant d'empressement à déclarer qu'elles figurent sur leur programme ? — E. D.

ciale, sous la signature de M. Demolins, son directeur.

« M. Demolins est un conservateur au sens philosophique du mot. Disciple de Le Play, il a systématisé en un corps de doctrines presque dogmatique la méthode d'observation sociale inaugurée par son maître, et il jouit, dans certains milieux, d'une autorité légitime, conquise par des années d'un labeur consciencieux, exclusivement consacrées à l'étude des questions sociales.

« Pourquoi donc M. Demolins, dont les travaux se confinaient jusque-là dans les recherches d'ordre général et plutôt abstrait que pratique, entre-t-il dans la mêlée des partis?

« Parce que le directeur de la *Science sociale* est frappé des progrès accomplis en quelques années par le socialisme et que l'imminence du danger que celui-ci fait courir à la société actuelle lui paraît grande. Jusqu'ici, dit-il, on pouvait espérer amadouer le socialisme : « on caressait la bête, dans l'espoir de l'empêcher de mordre et de la mener en laisse. »

« Notre attitude a déçu toutes les espérances. La bête ne veut pas pas se laisser faire. Il faut donc la mater, la museler.

« Comment?

« En se mettant résolument à l'œuvre. En adoptant un programme de réformes sociales immédiates dont la réalisation nous réduirait à l'impuissance.

« M. Demolins formule ce programme en trois revendications précises : dégrèvement des impôts; décentralisation administrative; diminution des charges militaires.

« Les socialistes, dit-il, veulent substituer l'action de l'Etat à l'initiative privée et transformer le budget en administration de la fortune publique. Réduisons les impôts. Ce sera autant d'enlevé à l'action socialiste.

« Mais il y a des charges budgétaires auxquelles l'impôt actuel fait face avec beaucoup de peine?

« Tout de suite, M. Demolins indique deux catégories de charges qu'on peut diminuer : celles de la bureaucratie et de ses innombrables agents qui coûtent si cher; celles de l'armée qui forment à elles seules environ un tiers de nos dépenses annuelles.

« Je passe sur la critique rapide qu'il fait de notre système de centralisation, et j'arrive à sa critique de notre organisation militaire. Seul, un conservateur comme M. Demolins pouvait la faire, car, ainsi qu'il le constate lui-même, « il est très difficile à un Français de faire la critique de notre système militaire... Nous sommes d'un chauvinisme qui ne souffre aucune observation ».

« Cependant, dit-il, ce n'est un mystère pour personne que tous les Français, même les plus chauvins, n'ont qu'une préoccupation : se soustraire au service de trois ans et y soustraire leur fils; toute la vie est orientée vers ce but. » — Et M. Demolins énumère les exceptions qu'on s'est efforcé de créer pour soustraire les fils de la bourgeoisie aux trois ans de caserne. On a exempté les élèves des Ecoles et maintenant, « certaines d'entre elles qui périclitaient faute d'élèves, en regorgent ».

« Par la loi militaire, s'écrie notre auteur, la bourgeoisie s'est donc constitué, en plein dix-neuvième siècle, un privilège... Parmi les sénateurs et les députés, combien y en a-t-il dont les fils fassent trois ans de service? — Y en a-t-il dix? »

« M. Demolins ne blâme pas les chauvins du Centre de la répulsion qu'ils professent pour la vie militaire, et il a raison. Mais il conclut des exemptions qu'ils ont imaginées et de la nécessité où se trouvent les ministres de la guerre d'abréger en fait pour un grand nombre la durée du temps de service, que l'encasernement pendant trois ans des forces vives de la nation constitue, non seulement une déperdition sociale inutile pendant les trois années de service, mais encore qu'elles « désorganisent toutes les carrières, et compromettent gravement la fortune publique ».

« Donc, on peut réduire à un an la durée du temps de la présence sous les drapeaux, sans compromettre les intérêts de la défense nationale, et cette réduction équivaudrait à une diminution considérable des charges publiques, en attendant qu'on se rapproche de la constitution des armées de volontaires usitées « dans les sociétés à formation particulariste », comme l'Angleterre et les États-Unis (à la condition que ces armées soient exclusivement consacrées à la garde des frontières et que, sous aucun prétexte, elles ne puissent intervenir dans les conflits intérieurs? Je pose cette question à M. Demolins, parce qu'il semble ne pas avoir prévu le cas) (1).

(1) Je réponds à cette question que le seul moyen efficace de réduire les occasions de « conflits intérieurs » et par conséquent l'intervention militaire est de décharger l'État de toutes les

« Et voilà le programme antisocialiste dont la réalisation immédiate doit nous désarmer?

« O M. Demolins! Nous sommes prêts à faire campagne avec vous pour hâter les modifications que vous nous proposez là.

« Pas n'est besoin de partager le monde en sociétés « à formation communautaire et à formation particulariste », pour aboutir à ces conclusions. Les socialistes, qui n'ont jamais pratiqué la méthode d' « observation » chère au directeur de la *Science sociale*, les ont formulées depuis lontemps déjà, malgré la différence de point de départ — ce qui prouve une fois de plus que tout chemin mène à Rome, et que nos revendications ont la bonne fortune d'être le point d'arrivée commun où les hommes de bon sens et d'opinions diverses peuvent se rencontrer quelquefois.

« Diminuer les impôts (sans toucher aux dépenses d'ordre social indispensable? , décentraliser, réduire le temps de service militaire, c'est là un programme auquel nous avons souscrit depuis longtemps; il est

attributions que les particuliers peuvent remplir mieux et plus utilement que lui. La plupart des conflits intérieurs qui ont lieu aujourd'hui viennent de deux causes principales : 1° L'État ayant substitué presque partout son action à celle des citoyens, froisse un grand nombre d'intérêts qui, à certains moments, se réveillent et se révoltent; 2° l'État disposant d'un énorme budget et de places innombrables, chaque parti a un intérêt irrésistible à s'emparer du pouvoir pour disposer à son gré de ce budget et de ces places. Les trois réformes que nous réclamons ont précisément pour but de faire cesser cet état de choses: cela serait plus efficace que la protestation platonique que nous demande M. Rouanet. — E. D.

contenu dans le mandat que tous les députés socialistes ont reçu de leurs électeurs.

« Gustave Rouanet. »

La lettre de M. Millerand, les trois articles de MM. Barrès, Clémenceau et Rouanet peuvent se résumer ainsi : « Mais nous sommes complètement d'accord avec vous ; les trois réformes que vous demandez, les socialistes les acceptent, ils y applaudissent, elles figurent même sur leur programme. Vous marchez avec nous et nous marchons avec vous ». — « Je ne saurais trop vous féliciter, » dit M. Millerand. — « Vous êtes un bourru bienfaisant », ajoute M. Maurice Barrès. — « Je me proclame un disciple résolu de M. Demolins », reprend M. Clémenceau. — « Nous sommes prêts à faire campagne avec vous », dit enfin M. Gustave Rouanet.

Que signifie cet accord? — Qui est-ce qui se trompe? — Qui trompe-t-on ici? — Essayons de tirer cela au clair.

On ne trompe personne; il y a seulement un malentendu, dont tout le monde est dupe et dont il faut absolument se rendre compte si l'on veut se diriger avec certitude.

Ce malentendu provient de l'idée que voici :

On croit à peu près universellement que le socialisme constituera un état social nouveau différent de l'état social créé actuellement par la bourgeoisie, ou de l'état social créé antérieurement par la noblesse.

Au risque de faire pousser les hauts cris, je dois dire qu'il n'y a là, au point de vue d'une classification scientifique rigoureuse, qu'un seul et même état social. Ces trois régimes sortent logiquement l'un de l'autre : ils sont le développement naturel d'une même conception sociale.

D'après cette conception, l'idéal à atteindre, le but à poursuivre est de *vivre sur la collectivité*, de se faire soutenir et patronner par l'État. La noblesse a réussi la première à s'insinuer dans cette situation commode et agréable : elle vivait des fonctions et des charges publiques, des pensions de la cour. La bourgeoisie a réussi ensuite à s'insinuer dans la même situation, non moins commode et agréable : elle vit aujourd'hui des professions administratives et militaires, dont le peuple se trouve écarté par l'impossibilité où il est de passer les examens nécessaires. La poussée du socialisme n'est que l'effort pour faire admettre le peuple lui-même à ce festin où se sont déjà commodément installées la noblesse et la bourgeoisie. D'après la théorie, ou plus exactement, d'après le rêve collectiviste, tout le monde se trouverait assuré contre les aléas, contre les risques, contre les difficultés de l'existence, comme le sont aujourd'hui ceux qui se distribuent les faveurs du budget. Le voilà bien le système dont parle plus haut M. de Kerohant et qui consiste à demander plus à l'impôt et moins au contribuable.

Il est bien entendu que les socialistes colorent leur rêve des couleurs du bien public, du bien général : mais la noblesse a fait de même et, après elle, la bourgeoisie; elles ont toujours affirmé qu'elles n'avaient en vue que le bien public. Cela va de soi.

Nous affirmons, au contraire, au nom des faits sérieusement analysés, comparés et classés, que ce régime est un régime de mal public.

Ceci nous permet d'expliquer maintenant l'attitude différente que prennent à notre égard d'une part les conservateurs et, d'autre part, les socialistes.

Pour les uns et pour les autres, nous sommes à la fois des auxiliaires et des adversaires.

Pour les conservateurs (monarchistes ou républicains, c'est la même chose), nous sommes des auxiliaires tant que nous combattons les socialistes ; mais nous sommes des adversaires dès que nous voulons ébranler la situation privilégiée qu'ils désirent *conserver*.

Pour les socialistes, nous sommes des auxiliaires tant que nous combattons les conservateurs ; mais nous sommes des adversaires dès que nous nous opposons au système collectiviste, qui ne serait que la généralisation du régime dont la noblesse a vécu et dont vit actuellement la bourgeoisie.

Les uns et les autres ne nous aiment donc que négativement.

Voilà qui explique nettement le concours et l'opposition que nous rencontrons à la fois chez les conservateurs qui sont à table et chez les socialistes qui veulent s'asseoir à leur place.

Au fond, les uns et les autres sont, à des degrés différents, des collectivistes ; mais les uns sont arrivés et les autres veulent arriver. C'est en cela que les uns sont « conservateurs » et que les autres sont « révolutionnaires ».

Il résulte de là que les conservateurs se trouvent actuellement vis-à-vis des révolutionnaires dans une position fausse, qui paralyse leur défense, car on est toujours désarmé pour refuser aux autres une situation dont on jouit soi-même.

C'est là d'ailleurs un acte de mauvais goût.

Nous sommes, au contraire, vis-à-vis des uns et des autres, dans une position inattaquable, puisque nous ne réclamons et que nous ne voulons rien du Pouvoir.

On peut s'expliquer maintenant l'accueil différent qui a été fait par les conservateurs et par les socialistes aux trois articles de notre Programme.

Au fond, les conservateurs ne veulent pas *dégrever les impôts,* parce que ce sont eux qui les perçoivent et que c'est, pour eux, un instrument de pouvoir ; ils ne veulent pas opérer la *décentralisation administrative,* parce que la bureaucratie constitue le meilleur moyen de se caser et de caser leurs fils ; ils ne veulent pas de la *diminution des charges militaires,* parce qu'ils ont réussi à se soustraire à ces charges par le service d'un an. Ainsi s'explique l'attitude de cette partie de la presse, dont l'article du *Soleil* donne assez exactement la note.

De leur côté, les socialistes acceptent ces trois réformes, parce que, n'étant pas au pouvoir, ils ne bénéficient ni des impôts, ni de la centralisation, ni du service d'un an et qu'ils trouvent de bonne guerre d'enlever ces armes et ces avantages à leurs adversaires. Ils acceptent notre programme *contre* la « Société bourgeoise », mais ils seraient impuissants à le réaliser dans la société collectiviste, qui ne serait que la continuation et l'aggravation de la société bourgeoise. Ils acceptent notre programme comme un programme d'opposition et non comme un programme de réforme. De même qu'à la fin du siècle dernier la bourgeoisie protestait violemment contre les pensions publiques de la noblesse, ils protestent aujourd'hui contre celles de la bourgeoisie : mais, à l'exemple de cette dernière, ils trouveront ce régime des pensions publiques admirable, lorsqu'ils auront réussi à se l'appliquer. Le socialisme propose, en somme, que ceux qui font maigre chère avec leur propre argent fassent bombance avec l'argent du public.

Si demain les socialistes étaient au pouvoir, les conservateurs nous feraient aussitôt les yeux doux et accepteraient avec enthousiasme notre programme : ils trouveraient ces trois réformes admirables et ils croiraient certainement les avoir inventées.

Ce sont là les jeux ordinaires de la comédie politique, et il ne faut pas s'en étonner : il suffit de constater qu'ils ne mettent pas les hom mes publics dans une posture avantageuse.

Nous avons d'ailleurs assisté déjà à un acte bien comique de cette comédie : Il y a deux ans, nous avons lancé, d'une façon un peu bruyante (mais il était nécessaire de frapper les esprits) une association pour le développement de l'initiative privée : la plupart des journaux conservateurs et républicains modérés ont applaudi sinon certains noms figurant dans les listes du moins la formule ; les journaux socialistes, au contraire, ont protesté violemment. L'opposition alors était à gauche (1).

Aujourd'hui, où nous demandons que l'on passe de la formule à sa réalisation, les journaux conservateurs font la sourde oreille et les journaux socialistes nous embrassent jusqu'à nous étouffer. L'opposition est maintenant à droite.

Manifestement, l'initiative privée est, pour les conservateurs et pour les socialistes, un pavillon qui ne couvre aucune marchandise.

Quant à nous, que les conservateurs de toutes nuances ou que les socialistes soient au pouvoir, nous n'avons pas à changer notre fusil d'épaule, notre programme reste le même ; il sera, demain,

(1) Voir cette revue de la Presse, à l'*Appendice*.

ce qu'il est aujourd'hui et ce qu'il était hier, parce que nous ne sommes ni un parti, ni une caste, ni un clan, que nous n'attendons rien du Pouvoir et que nous demandons seulement au Pouvoir, quel qu'il soit, de ne pas gêner la libre expansion de l'initiative individuelle et de l'initiative privée.

En poursuivant ce but, nous faisons — et c'est là toute notre préoccupation — évoluer graduellement les esprits vers un type de société diamétralement opposé au régime de communauté d'État que soutiennent à la fois les conservateurs français et les socialistes français, ces deux frères moins ennemis qu'ils n'en ont l'air.

Décidément, M. Maurice Barrès a raison : Nous sommes des « bourrus bienfaisants, » parce que nous attaquons, sans tenir compte d'aucun préjugé, tous ceux qui paralysent l'initiative privée et parce que nous n'avons d'autre préocupation que celle du bien public.

APPENDICE

LES APPRÉCIATIONS DE LA PRESSE

SUR

LA FONDATION DE LA *SOCIÉTÉ POUR LE DÉVELOPPEMENT DE L'INITIATIVE PRIVÉE.*

Les Interviews. — Le 8 mai 1892, le journal le *Matin* rendait compte d'une conversation avec M. le duc d'Audiffret-Pasquier et M. Léon Say, dont voici les principaux passages.

Chez M. le duc d'Audiffret-Pasquier. — L'honorable sénateur-académicien nous reçoit avec une parfaite aménité. « Il est vrai, nous dit-il, que j'ai tout de suite donné mon nom au promoteur de l'entreprise, M. Demolins. Il m'a affirmé que son but était d'organiser une opposition énergique contre l'*interventionnisme* d'État, sous toutes ses formes, qu'il faisait appel à tous les partisans déterminés de la libre initiative privée. Je m'honore d'être de ceux-là.

— Mais n'y a-t-il aucune arrière-pensée politique dans la constitution de la Ligue?

— Assurément non, et l'objet doit rester indépendant de toute politique. Entendons-nous. Je parle de la politique de parti. Mais je suis convaincu que, depuis 1800, les idées napoléonniennes n'ont cessé de nous dominer et de nous écraser. Napoléon a organisé chez nous le système romain, celui de l'État absorbant tout, intervenant dans tout. Au contraire, là-bas, au même moment, Washington fondait pour 4 millions d'hommes une constitution établie sur des institutions libérales qui, aujourd'hui, conviennent encore à 64 millions de citoyens.

« Pour ma part, je ne m'occupe plus de politique, et je souhaite que beaucoup de mes collègues en fassent autant. Rien n'empêche une entente sur le terrain de la liberté économique entre les hommes de tous les partis.

« Nous sommes vieux : nous avons peut-être le regret de n'avoir pas fait tout ce que nous aurions voulu, ni voulu tout ce que nous aurions dû vouloir. Mais soyez sûr que nous donnerons encore aux jeunes l'exemple de l'ardeur... »

Chez M. Léon Say. — « Veuillez, nous dit-il, démentir que je sois président de la Ligue antisocialiste. Je n'ai promis à M. Demolins et à ses amis que l'appui moral de mon nom. C'est tout. Mes occupations multiples m'empêchent de prendre la moindre part à la propagande de l'œuvre. Néanmoins, je serai toujours avec ceux qui défendent les idées libérales.

— Vous croyez au succès de l'initiative privée ?

— Oui ; le succès en est lent, mais sûr. »

Le lendemain, l'*Éclair* publiait le compte rendu d'une nouvelle entrevue avec M. Léon Say. « Oui, nous dit M. Léon Say, après avoir parcouru le programme de la Société, c'est bien là ce dont M. Demolins m'avait parlé. J'adhère de grand cœur aux conclusions de ce programme. Vous savez que j'ai défendu et défendrai toujours l'initiative privée contre l'envahissement de l'État... La nouvelle « Alliance » aura en moi un champion de ses idées devant la Chambre, car c'est à la tribune plutôt que dans le fauteuil du conférencier que je soutiendrai une cause qui me paraît digne d'intéresser tous ceux qui désirent le bien du pays. »

*
* *

La *Libre Parole* a voulu connaître l'opinion de M. Taine, et elle raconte en ces termes son entrevue avec l'éminent historien :

« Bien loin de protester contre la publication de mon nom dans la liste des membres de l'Alliance antisocialiste, nous dit M. Taine, je suis au contraire fort satisfait de faire partie de cette ligue qui est appelée, je n'en doute point, à rendre de grands services à la cause de la justice et de la vérité. Je sais qu'il y a déjà eu des défections, mais, pour ma part, je persisterai dans mon attitude. Je connais d'ailleurs M. Demolins, j'ai pleine confiance en lui et dans ses idées.

— Cette alliance antisocialiste a-t-elle donc un but combatif?

— Mais nullement, et ma présence dans ce village est une preuve que je ne songe point du tout à organiser une croisade contre les socialistes.

« Je ne me vois pas bien prenant part à des conférences contradictoires et luttant d'arguments avec les sociologues. Non! Il faut que chacun ici-bas fasse son métier et exprime ses convictions à sa façon...

« D'ailleurs, j'entends ne pas rester inactif, et je publierai prochainement, dans la *Revue des Deux-Mondes*, quatre articles où seront développées mes appréciations sur l'État, sur l'Industrie, sur le Travail, en un mot sur la question sociale. Si vous êtes curieux de connaître mon opinion, vous la trouverez là, exposée tout entière.

Et M. Taine cessa de parler. Il me lança un coup d'œil qui voulait dire : « J'espère que vous n'allez plus rien me demander, que je vais pouvoir continuer ma route. »

— Mais cette opinion, en substance, quelle est-elle? dis-je à M. Taine.

— C'est, me répondit-il, que les socialistes tendent à donner à l'État une place sans cesse plus grande dans la direction des affaires publiques, et qu'un tel système, à mon sens, ne peut être que pernicieux au dernier point.

« Les antisocialistes, au contraire, désirent l'existence d'un État solidement constitué ainsi que l'existence de lois respectées par tous. Seulement, ce qu'ils trouvent mauvais, c'est que tout soit réglementé, et que l'initiative personnelle ne trouve plus aucune occasion de s'exercer.

« Voulez-vous que je vous le dise : eh bien, je trouve que la société actuelle est déjà par trop socialiste, et que l'État, en 1892, opprime trop l'individu... »

***

Le journal *Paris* a reproduit la conversation d'un de ses collaborateurs avec M. Paul Lafargue et Mgr d'Hulst :

« La ligue antisocialiste, nous dit M. Paul Lafargue, est née d'une question proposée au *Figaro* sur la définition du *Socialisme*. M. Demolins conçut le plan de son œuvre d'après quelques renseignements qu'il me pria de lui fournir sur mon programme économique. Nous échangeâmes quelques lettres et j'acceptai une conférence contradictoire qu'il me proposa... »

Voici les déclarations de M. d'Hulst :

« Le député de Brest après nous avoir exprimé brièvement l'horreur que lui inspirent les interviews, veut bien fournir quelques renseignements.

— Quelle est, demandai-je, votre opinion sur le mouvement socialiste? Comment croyez-vous qu'on puisse y répondre?

— En agissant individuellement. Je suis partisan de l'initiative privée et j'ai la ferme conviction que M. Demolins réussira dans son œuvre... »

*
* *

M. Strauss ayant publié, dans le *Paris*, un article contre la Société, s'attira de M. Paul Deschanel, député, la réponse suivante :

« Monsieur et cher confrère, je lis avec surprise, avec tristesse, votre article du *Paris!* Toujours les mots alors, toujours les noms, les étiquettes, jamais les idées! Comment! Il y a d'un côté le vieux système latin, centralisateur, césarien ou jacobin, la continuelle intervention de l'État, dont nous mourons; cela, c'est le passé. Il y a, d'autre part, l'initiative individuelle, l'énergie civique, la puissance d'association, le socialisme libre des races jeunes, qui conquièrent pacifiquement la planète; cela c'est l'avenir. On me demande de quel côté je suis; je le dis : et alors, il suffit qu'un ou deux noms qui déplaisent au point de vue politique se trouvent près du mien pour que, tout de suite, on dénature la question!

« Quelques-uns des adhérents, dites-vous, n'ont sans doute pas compris ce qu'on attendait d'eux : ils ont ingénûment adhéré à une association de propagande économique, sans se douter du parti que pourraient en tirer tous les malins de la droite républicaine et de la conjonction des centres.

« L' « ingénuité », à mon sens, cher Monsieur, — ou la faiblesse, — consiste en ceci : au lieu de juger la valeur d'une idée en elle-même, regarder d'abord par qui elle est soutenue. Pardonnez-moi; mais vous êtes de ceux dont l'opinion compte, et je n'ai pu retenir ce cri de protestation, car, en vérité, nous sommes la proie des mots!

« Croyez, Monsieur et cher confrère, à ma considération très sympathique.

Paul DESCHANEL. »

* * *

La Libre Parole. — En reproduisant cette lettre, *la Libre Parole* ajoutait : « Si l' « Alliance antisocialiste » a réellement pour but de nous débarrasser du vieux système latin, elle rendra à la France le plus éminent service. »

Le Siècle, de M. Yves Guyot, termine ainsi un article de chaleureuse adhésion : «..... La société ne prendra la bonne direction que quand elle sera suffisamment éclairée, et ce sont des associations comme « l'Alliance antisocialiste » qui lui donneront les lumières qui lui manquent. »

L'Autorité. — «... Cette association, écrit M. Paul de Cassagnac, nous paraît fort digne d'être louée et encouragée. Le socialisme nous envahit beaucoup trop et il devient un danger des plus sérieux... Nous donnons donc notre entière approbation à « l'Alliance antisocialiste », qui correspond à une nécessité nationale et sociale. Parmi les promoteurs et approbateurs de cette association, nous trouvons des esprits distingués, qui ont su s'affranchir de toute divergence politique, pour s'unir sur le terrain commun d'une opposition au mal socialiste... »

Le Parti national. — « Jamais moment ne fut plus opportun pour combattre, par tous les moyens, les décevantes et chimériques théories du socialisme d'État et du collectivisme, son dérivé direct... Il nous paraît naturel que des hommes de bon sens et de raison aient eu l'idée de constituer une association de prévoyance sociale, afin d'atténuer les conflits du travail et du capital. La composition de cette ligue est, nous devons le dire, un sujet de scandale pour certaines chapelles républicaines, où l'on juge la valeur d'une institution non d'après le but qu'elle poursuit, mais d'après les opinions politiques de ses membres... Pour nous, l'éclectisme de sa composition nous est une première garantie que l'esprit de parti n'y revêtira pas la forme intolérante qui a ruiné dans l'œuf, l'œuvre de tant de sectaires... »

La France. — « Cette association aura eu pour résultat de poser nettement l'importante question du socialisme d'État. La réglementation appelle la réglementation. L'humanité deviendrait une immense machine dont l'État serait le moteur. La liberté exige le minimum d'autorité, tandis que le socialisme légiférant exige le maximum de pouvoir. Socialisme d'État et liberté sont contraires l'un à l'autre et se détruisent mutuellement. »

Le Gaulois. — Sous ce titre : « Pourquoi j'en suis », M. Cornély écrit : « J'ai donné à mon ami Edmond Demolins mon humble nom étonné de se trouver en si noble compagnie. J'en suis, parce que j'estime que la France est en train de mourir d'une maladie qu'on pourrait appeler la statolâtrie. Cette maladie a eu pour résultat de paralyser et de détruire toutes les initiatives individuelles en confiant à l'État, qui les accomplit mal, toutes les fonctions qu'accompliraient utilement les citoyens groupés d'après leurs affinités naturelles. L'association nouvelle aura à lutter. Elle aura à lutter non seulement contre ses adversaires naturels, mais elle aura à lutter contre les chinoiseries de la politique. On a déjà dit qu'elle se proposait de favoriser la réaction, et sa pauvre petite circulaire a été traitée un peu comme l'Encyclique pontificale, que combattent surtout ceux-là mêmes qu'elle semblerait plutôt favoriser...

Le Matin. — M. Henry Maret, député et directeur du *Radical*, a été sur le point de donner son adhésion à la Société, dont il approuve complètement le programme. Mais il a hésité, au dernier moment, à cause du titre. Il s'en est d'ailleurs franchement expliqué dans l'article suivant intitulé d'une façon assez inattendue : *Un groupe anarchiste :*

« ... Lorsque, connaissant mes théories libérales et antigouvernementales, l'honorable promoteur de « l'Association pour le développement de l'initiative privée » est venu me demander mon adhésion, j'ai été tout d'abord séduit par la crânerie de la formation d'un groupe anarchique, au moment même où les imbéciles s'imaginent que la doctrine anarchique consiste à faire sauter des maisons.

« Tout comme Gargantua, je commençais à être joyeux, quand, tout soudain, je me suis mis à rechigner : je voyais dans le programme qu'il fallait combattre l'action de l'Etat et relever l'action de l'initiative privée. Bravo! On rappelait que l'Amérique doit sa supériorité au développement de cette initiative et à la limitation étroite des attributions de l'Etat. Bravissimo! On parlait contre l'autorité en faveur de toutes les libertés. J'en suis! m'écriai-je.

« Puis je vis qu'on avait intitulé cela : « Alliance anti-socialiste ». Pourquoi ce titre? dis-je... Si les socialistes collectivistes, dont le rêve est de transformer la société en un vaste couvent sous un despotisme assyrien me déplaisent autant qu'à vous, j'entends rester socialiste dans le sens proudhonien, c'est-à-dire travailler à la formation d'une société meilleure par la formation de groupements libres.

« Il y a longtemps que, pour ma part, j'ai dit que le véritable groupement parlementaire devrait se faire sur cette question primordiale. Nous l'avions essayé dans une partie de l'Extrême gauche du temps de Gambetta, que nous combattions beaucoup moins pour son opportunisme que pour ses tendances autoritaires.

« Quoi qu'il en soit, nous approuverons volontiers tout ce que cette Société pourra faire pour nous détourner de la centralisation, autoritaire, bureaucratique et militarisée... »

Le Figaro. — M. F. Magnard consacra deux articles à notre Société. « L'Alliance antisocialiste est à peine née qu'elle fait déjà parler d'elle : c'est de la bonne publicité. On sait quel est son esprit : résister à l'ingérence de l'Etat dans les intérêts privés et à sa mainmise sur les relations entre le travail et le capital. C'est à ce titre qu'il m'a paru intéressant d'y adhérer et aussi pour protester contre le mauvais socialisme, le socialisme flagorneur des exigences démagogiques... L'initiative privée peut aller d'elle-même au-devant d'une situation dont les difficultés ne doivent pas nous cacher les dangers... »

« L'Alliance antisocialiste, écrivait le lendemain M. F. Magnard, compte se reconstituer d'ici à quelque temps ; mais provisoirement elle succombe sous le mal dont souffre la France, comme le dit très justement M. Demolins, en accusant réception de sa lettre à M. Léon Say : la difficulté d'entreprendre une œuvre quelconque avec des hommes politiques qui appartiennent à des partis différents. Nous avons beaucoup de qualités, seulement nous ne savons être ni tolérants ni conciliants. Même, nous avons cette manie étrange de préférer des ennemis avérés à des amis qui ne partagent pas tous nos préjugés... Au fond, tous les noms réunis par M. Demolins avaient des points de contact très évidents et mille raisons de s'entendre... »

Dans le même journal, M. de Grandlieu parlant de notre Société, s'exprimait ainsi : « Elle est momentanément dissoute, mais sa pensée demeure », et il cite une partie de notre programme, qui, dit-il, est « caractéristique ».

L'Étendard. — « ... M. Demolins, écrit M. Hector Pessard, pouvait supposer qu'un républicain et un royaliste, un clérical et un libre-penseur pouvaient s'unir momentanément pour combattre soit une invasion de sauterelles, soit la pullulation des hannetons. Or comme le hanneton socialiste et la sauterelle démagogique sont en ce moment les deux plaies d'Égypte déchaînées dans le monde, M. Demolins était excusable de supposer assez de bon sens aux intéressés pour se liguer contre des adversaires communs, sans se demander au préalable si les uns aimaient la musique de Wagner, et les autres les partitions de Rossini.

« Mais dès qu'on est un homme politique, il n'est plus permis d'avoir du bon sens, sous peine d'être disqualifié. La nécessité de ne point se distinguer de son parti vous oblige à patauger dans l'ornière où il piétine... C'est à mourir de rire... »

Le Marché français. — « ... Le programme de la Société est bien conçu et nous souhaitons que son fondateur réussisse. Nous sommes avec lui du moment qu'il s'agit de combattre le socialisme d'État... »

Le Temps. — Ce journal a prêté à notre Société la plus large publicité, car il a reproduit toutes nos circulaires et les diverses lettres qui ont été échangées. Il déclare, en outre, que « les efforts du fondateur sont très méritants ; que le but est excellent, puisqu'il s'agit de combattre l'intervention excessive de l'État et de favoriser l'initiative privée ». Il regrette seulement qu'on ait voulu fonder la Société « sur le principe neutre de l'indifférence politique au regard de la forme du gouvernement ».

Le Moniteur des Syndicats agricoles. — « ... Les Syndicats agricoles, qui constituent un si éclatant exemple de l'efficacité de l'initiative privée, ne peuvent manquer d'apporter leur concours à M. Demolins. Eux aussi, ils sont aux antipodes du socialisme et ne demandent à l'État que de les laisser se développer librement. C'est leur cause que représente la nouvelle association. Ils l'ont bien compris, d'ailleurs, car, sur la première liste des adhérents de M. Demolins, nous relevons les noms de plusieurs présidents ou vice-présidents de Syndicats agricoles... »

La Gazette de France. — Après avoir dit que notre Société réunissait des adhérents en dehors de tout esprit de parti, elle ajoute : « C'est une idée juste que celle qui consiste à examiner les questions sociales et économiques en dehors des préoccupations politiques proprement dites. Cela peut avoir même pour résultat de rapprocher sur un terrain commun des hommes habitués à se combattre sans se connaître et à qui l'on attribue d'instinct et sur la seule légende attachée à leur nom, une foule d'opinions qu'ils n'ont jamais eues. Mais cela n'est pas l'affaire des politiciens de profession. Pensez-donc ! Si par hasard, on allait s'entendre ! Si le duc de Broglie allait convertir M. Deschanel !... Et surtout, si, par hasard, on venait à s'apercevoir que l'entente pourrait se faire sur les trois quarts des lois sans qu'on touche même aux questions réservées et controversées ! Que deviendraient alors les politiciens !... »

Le Moniteur universel. — Après l'exposé de notre programme : « Voilà l'idée qui a présidé à cette Association lancée dans la circulation : on la discute et elle mérite la discussion. »

Le National. — « L'Alliance antisocialiste est dissoute, elle sera, dit on, reconstituée. Je le lui souhaite bien volontiers... Elle se proposait de résister à l'ingérence de plus en plus envahissante de l'État dans les divers domaines de l'activité humaine et d'encourager au contraire les initiatives individuelles. Rien de mieux...

La Patrie. — « Nous faisons des vœux pour que l'Association de M. Demolins se réforme, et il peut compter sur notre concours le plus actif et le plus dévoué... L'ogre du socialisme d'État n'est pas un personnage de féerie, c'est une réalité menaçante, terrible, qui marche sur nous à grands pas. Encore quelques abandons, encore quelques échecs, encore quelques désertions, et notre affaire est claire, à nous tous, honnêtes gens, qui luttons pour la vie : nous serons mangés. »

L'Observateur français. — « L'œuvre n'est pas seulement utile, elle est nécessaire ; elle est urgente... »

L'Univers et le **Monde** ont publié le programme de la Société et lui ont donné leur approbation en reproduisant un compte rendu détaillé de la Conférence contradictoire entre M. Demolins et M. Paul Lafargue.

L'Estafette. — « ... M. Demolins, dit le journal opportuniste, avait un sentiment exact des nécessités raisonnables de l'heure présente en songeant à briser l'arme du socialisme d'État entre les mains d'une démagogie brutale... Mais nous avons fait remarquer que le titre d' « Alliance antisocialiste » était mal choisi et qu'on ne pouvait associer à une œuvre commune des hommes de pensées politiques absolument contraires. Mais s'ensuit-il que l'idée elle-même soit mauvaise et qu'il n'y ait point lieu, tout en respectant et en sauvegardant les droits du pauvre et de l'ouvrier, de mettre l'État en garde contre une ingérence injustifiée dans ces sortes de questions? Nous avons à nous défendre des imaginations ridicules du socialisme d'État. L'État n'est point le grand protecteur, le grand assureur, il n'est point de sa charge de mettre la poule au pot pour chacun ; sa seule fonction est de protéger et de défendre les humbles et les désarmés. Tout le reste est du roman et un roman dangereux... »

L'Ordre. — Après avoir reproduit une partie de notre programme, ce journal ajoute : « Des efforts sont tentés de toutes parts en ce moment pour battre en brèche le régime autoritaire et on peut espérer que les institutions administratives du Premier Consul ne tarderont pas à disparaître. La centralisation n'est plus qu'une entrave qui gêne et irrite la France...

⁂

Parmi les radicaux socialistes, eux-mêmes, il en est un qui a su se placer à un point de vue élevé et donner la note juste d'un adversaire loyal : c'est M. Millerand, député. Voici un passage de son article de la *France*, intitulé : « Bataille ».

« C'est un grand bien que la clarté une rare qualité que la franchise, en politique surtout. C'est parce que nous attachons à ces deux avantages un prix tout particulier que nous ne pouvons partager les sentiments qu'ont ressentis et exprimés avec véhémence quelques-uns de nos amis en présence de la création récente de « l'Alliance antisocialiste ».

« Je conçois que, du premier abord, le rapprochement de certains noms ait pu surprendre, même choquer. Nous n'avons guère été habitués, jusqu'à cette heure, à voir fraterniser côte à côte les noms de députés républicains, d'évêques et d'anciens ministres de la réaction.

« Mais quoi ! n'est-ce pas un fait qui s'impose que la disparition rapide de l'opposition anticonstitutionnelle ? L'étiquette républicaine est sauve. Reste à savoir ce que nous mettrons dans le sac. Les questions sociales sont aujourd'hui, de l'aveu de tous les partis, au premier plan des préoccupations publiques. Il faut, pour les résoudre, adopter une méthode, se ranger à une doctrine.

« L'idée socialiste se présente... C'est une conception... Que ses adversaires naturels se groupent et s'unissent, rien de plus légitime, de plus naturel ; j'ajoute, de plus souhaitable... Pour nous, qui menons depuis longtemps, ici et ailleurs, par la parole et par la plume une libre campagne pour les idées socialistes qui sont les nôtres, nous ne pouvons qu'applaudir à une tentative qui a pour but de faire disparaître une équivoque... »

Quant au reste de la Presse radicale, elle a feint de voir dans la nouvelle Société une œuvre politique, une tentative pour mettre la main sur le gouvernement. Citons parmi les articles qui ont été publiés dans ce sens ceux de M. Rochefort dans l'*Intransigeant*, de M. Camille Pelletan dans la *Justice*, de M. Sigismond Lacroix et de M. Tony Révillon dans le *Radical*, pour faire la contre-partie de l'article de M. Henry Maret, de M. Gustave Rivet dans le *Voltaire*, de M. Louis Navarre dans la *Petite République*, de M. Mesureur dans la *Marseillaise*, de M. Ranc dans le *Matin*, de M. Paul Strauss dans le *Paris*, etc.

La Science Sociale

Directeur : M. EDMOND DEMOLINS

Cette Revue paraît, depuis 1886, par livraisons mensuelles de plus de cent pages. Avec son supplément, le *Mouvement social*, consacré à la vulgarisation, elle forme trois volumes par an.

Abonnement annuel : France, 20 fr.; Étranger, 25 fr.
Le Mouvement social seul : France, 6 fr. ; Étranger, 7 fr.

La Science sociale est l'organe de l'École qui a précisé, rectifié et continué les travaux de Le Play, avec une méthode plus scientifique.

Programme : *Questions du jour*, traitant, d'après la méthode scientifique, les problèmes actuels qui préoccupent le plus l'opinion; publication des *Cours de science sociale: Description et explication méthodique des différentes sociétés; Études historiques, littéraires et artistiques*, expliquant les lois de l'évolution; compte rendu des *Missions et Voyages d'études*, entrepris par les élèves de l'École, dans les divers pays, etc. Les abonnés ont droit aux volumes de la *Bibliothèque de la Science sociale*, avec une réduction qui couvre le prix de l'abonnement. (Voir à la quatrième page de la couverture.)

SOCIÉTÉ

POUR LE DÉVELOPPEMENT DE L'INITIATIVE PRIVÉE

ET LA

VULGARISATION DE LA SCIENCE SOCIALE

Siège de la Société : 8. Boul. de Vaugirard, PARIS

But de la Société. — La Société a pour but de propager l'étude de la Science sociale et d'exciter le développement de l'initiative privée.

Action de la Société. — Elle s'exerce :

1° Par deux Publications mensuelles, l'une, le *Mouvement social*, consacrée à la vulgarisation et à la propagande; l'autre, la *Science sociale*, consacrée à l'étude scientifique des phénomènes sociaux ;

2° Par des Ouvrages édités par la Société et formant une Bibliothèque (Voir ci-contre). Ces volumes sont livrés aux membres à prix réduits ;

3° Par des Enquêtes entreprises en vue de recueillir des faits précis, de les classer, et d'en dégager des enseignements positifs ;

4° Par des Réunions d'étude et des Conférences, à Paris et en province ;

5° Par des Subventions à l'Enseignement de la Science sociale ;

6° Par des Bourses de voyage, ou Missions d'étude, en vue de faire des observations sociales en France et à l'étranger ;

7° Par une Rétribution aux meilleurs travaux d'études sociales.

Recrutement de la Société. — La Société comprend trois catégories de membres :

1° Les *Membres souscripteurs*, qui versent une cotisation de 6 fr. (7 fr. pour l'étranger). — Ils reçoivent, en échange, le *Mouvement social* ;

2° Les *Membres titulaires*, qui versent une cotisation de 20 fr. (25 fr. pour l'étranger). — Ils reçoivent, en échange, outre le *Mouvement social*, la *Science sociale* ;

3° Les *Membres fondateurs de bourses*. — Les membres qui veulent bien souscrire pour une somme de 100 à 500 francs sont fondateurs de partie de bourse, ou de bourse entière. Ces bourses sont destinées à faire faire des voyages d'étude aux jeunes gens qui ont suivi avec le plus de succès l'Enseignement de la Science sociale.

On est admis, en adressant une demande au Secrétaire général : 8, Boulevard de Vaugirard, PARIS.

Typographie Firmin-Didot et Cie. — Mesnil (Eure).

www.ingramcontent.com/pod-product-compliance
Ingram Content Group UK Ltd.
Pitfield, Milton Keynes, MK11 3LW, UK
UKHW020346180726
13839UKWH00002B/956